SuperStars

Unsere größten Erfindungen

Julienne Laidlaw

Inhalt

Wörter, die **fett** gedruckt sind, werden auf Seite 23 erklärt.

Etwas erfinden bedeutet, etwas Neues erschaffen – etwas, das es zuvor noch nicht gegeben hat. Von Anbeginn der Zeit wollten die Menschen Neues entdecken, erschaffen und entwickeln.

Dieses angeborene Verlangen führte zu Erfindungen, die die Welt und die Geschichte der Menschheit für immer verändert hat. Werfen wir einen Blick auf einige der bahnbrechendsten Erfindungen aller Zeiten.

Was ist eine Erfindung?

Eine Erfindung ist etwas, das Menschen entworfen haben und das es zuvor noch nicht gegeben hat. Erfindungen machen Menschen oft dann, wenn sie versuchen, Probleme zu lösen. Manchmal werden dabei vorhandene Ideen oder Apparate in neuer, einzigartiger Weise abgewandelt. Viele Erfindungen haben das Leben der Menschen massiv verändert.

Die Kunst des Feuermachens war eine der frühesten und wichtigsten Entdeckungen.

Ein frühes Gerät zum Feuermachen: Der Feuerbohrer wird mithilfe des Bogens hin und her bewegt. Durch die Reibung entsteht glimmender Holzstaub, der bei Zugabe von Zunder zu einem Feuer werden kann.

Der Feuerbohrer ist eine Erfindung aus der Steinzeit.

Schon immer waren die Menschen auf der Suche nach Möglichkeiten, das Leben zu vereinfachen. Dabei waren sie nicht nur erfinderisch, sondern konnten mit anderen über ihre Ideen **kommunizieren**. Viele Erfindungen haben den Fortschritt in Wissenschaft und Technik beschleunigt.

Man könnte sagen, Feuer war die erste Erfindung der Menschen. Es ist zwar ein natürliches Element, aber wir haben einen Weg entdeckt, es von der Natur unabhängig zu entfachen.

Vorwärts rollen

Das Rad

Das Rad hat die Menschheitsgeschichte Tausende von Jahren geprägt. Es ist die wichtigste mechanische Erfindung überhaupt. Schon vor 5000 Jahren nutzten Töpfer eine runde Scheibe bei der Bearbeitung des Tons. Zur gleichen Zeit hat man Räder an Karren befestigt, um schwere Dinge leichter transportieren zu können. Zur Zeit der Römer vor 2300 Jahren hatten Räder bereits Speichen und waren größer und leichter.

Früher nutzten die Menschen Baumstämme, um schwere Lasten zu bewegen.

Die Räder der Römer funktionierten besser als die aus früheren Zeiten. Sie bauten Wagen, um innerhalb ihres Reiches Waren zu transportieren.

Fahrräder

Das erste Fahrrad wurde 1817 erfunden. Es hatte zwei Räder, die durch einen Rahmen miteinander verbunden waren.

In den 1860ern bekam das Fahrrad Pedale. 1870 baute man zum ersten Mal ein Fahrrad aus Metall. Auch das Hochrad wurde in den 1870ern erfunden.

Die „Draisine“ wurde durch abwechselndes Abstoßen der Füße vom Boden bewegt.

Das Hochrad war ein Fahrrad mit einem großen Vorderrad und einem viel kleineren Hinterrad.

Das erste vollgefederte Fahrrad wurde 1879 erfunden.

Das **aerodynamische** Rad wurde in den frühen 1980ern erfunden.

Brumm, Brumm

Automobile

Jahrhundertelang waren Pferdefuhrwerke die gebräuchlichste Transportmöglichkeit auf Rädern. 1769 erfand ‚Nicolas-Joseph Cugnot' den Dampfwagen.

Der Benzinmotor, eine Erfindung von Karl Benz, folgte 1880. Otto Nikolaus und Gottlieb Daimler bauten 1886 das erste Auto mit vier Rädern.

1913 entwickelte Henry Ford die **Fließbandfertigung**. Sie stellte sicher, dass die Autos schnell und **effektiv** zusammengebaut wurden. Fords „Modell T" wurde millionenfach verkauft.

Im Jahr 2000 bauten Autohersteller 40 Millionen Autos.

Daimlers Motorkutsche

Henry Ford nannte sein T-Modell „Tin Lizzie“ (auf Deutsch: „Blech-Liesel“).

Hybridautos

Hybridautos haben zwei Motoren: einen kleinen leichten Benzinmotor und einen Elektromotor, der von Batterien gespeist wird. Die beiden Motoren kombinieren zwei Arten von Energie. Die ersten Hybridautos wurden von 1903 bis 1920 in kleiner Stückzahl gebaut.

Heute werden Hybridautos gebaut, weil sie besser für die Umwelt sind und weniger Energie verbrauchen.

Kommunikation

Das Telefon

Telefone übertragen Stimmen durch Leitungen, Luft und Raum. Die Erfinder des Telefons hießen ‚Elisha Gray‘ und ‚Alexander Graham Bell‘. Bells Telefon-Modell von 1876 war der Vorläufer unserer modernen Telefone. Die ersten Telefone mit Wählscheiben tauchten 1919 auf. Die heutigen Mobiltelefone haben eingebaute Kameras, Internetanschluss und MP3-Player.

Die ersten Funktelefone waren schwer und teuer.

Die ersten durch Bells Telefon übertragenen Worte lauteten: „Mr ‚Watson‘ – kommen Sie – ich wünsche Sie zu sehen.“

Bells Telefon von 1876

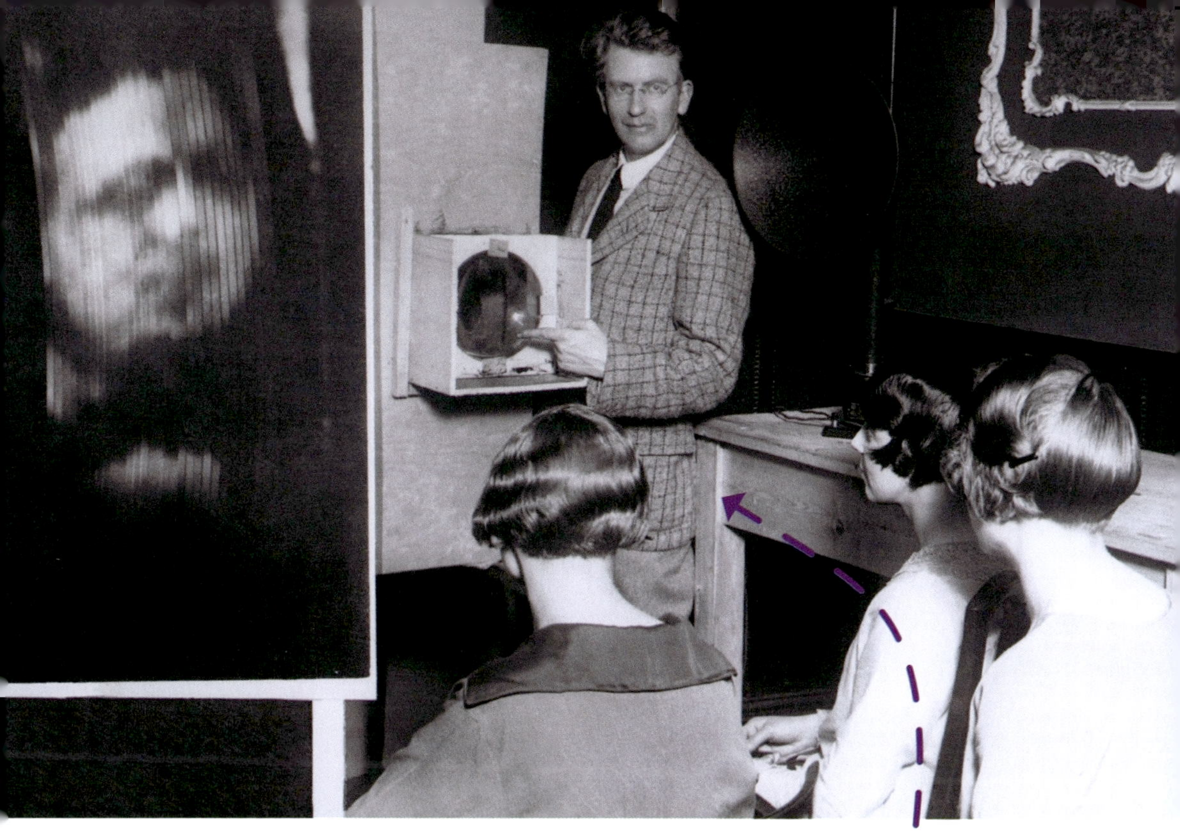

Das Fernsehen

Aus Pappkarton und Alteisen baute ‚Baird' den ersten mechanischen Fernseher.

Der schottische Erfinder ‚John Logie Baird' baute 1925 das weltweit erste Fernsehgerät. Die Bildqualität war damals allerdings noch sehr schlecht.

1934 wurden in den USA die ersten elektronischen Fernsehgeräte und Fotoapparate von ‚Philo Farnsworth' und Vladimir Zworykin entwickelt. Heute sind die Fernseher mit hochauflösenden Flachbildschirmen ausgestattet und empfangen **digitale** Signale über Satelliten und Kabel.

1951 wurde das erste Programm in Farbe **ausgestrahlt**.

Das Computerzeitalter

Computer

Den ersten Computer, den Abakus, gab es 2500 v. Chr. 1642 wurden mechanische Rechenmaschinen entwickelt und waren lange gebräuchlich. Erst seit dem letzten Jahrhundert gibt es Computer, wie wir sie kennen. UNIVAC war der erste **kommerzielle** Computer. Er wurde 1951 in Betrieb genommen. Innerhalb der folgenden 20 Jahre wurden Computer mit **Mikroprozessoren** oder Mikrochips ausgestattet.

UNIVAC war so groß wie ein ganzer Raum. Er stürzte oft ab.

Das ist ein Abakus. Der erste Abakus bestand sogar nur aus Steinen und ein paar Strichen am Boden.

UNIVAC steht für „UNIVersal Automatic Computer“, das heißt übersetzt „allgemeiner automatischer Computer“.

E-Mail, Internet, und ‚World Wide Web‘

Die elektronische Post – E-Mail genannt – wurde 1971 von ‚Ray Tomlinson‘ erfunden. Das Internet ist ein Netzwerk aus weltweit miteinander verbundenen Computern. Es bietet seinen Benutzern die Möglichkeit, Informationen auszutauschen. Das ‚World Wide Web‘ ist ein sehr großes System aus verschiedenen Dokumenten, auf die das Internet zugreift.

Im Jahr 2000 wurden monatlich etwa 1 Milliarde E-Mails ausgetauscht.

Der englische Physiker ‚Timothy Berners-Lee‘ erfand 1992 das ‚World Wide Web‘.

Tick, Tack, Klick!

Der Fotoapparat

Seit der Erfindung der Lochkamera haben sich Fotoapparate komplett verändert. 1826 machten ‚Joseph Niepce' und ‚Louis-Jacques-Mandé Daguerre' die ersten Fotos. 1860 gelangen ‚James Clerk Maxwell' die ersten Farbfotografien der Welt. Heute nutzen Digitalkameras Technologie, die ursprünglich für Weltraumsonden und Satelliten entwickelt worden ist.

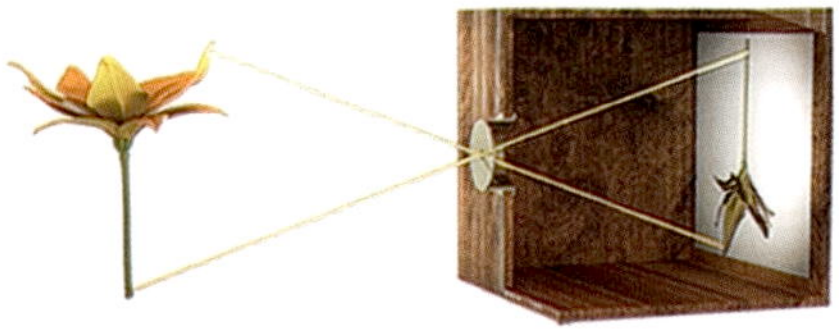

Eine Lochkamera ist ein lichtgeschützter Kasten mit einem kleinen Loch an einer Seite.

1888 erfand ‚Thomas Edison' den ersten Filmprojektor, das Kinetoskop.

Uhren

Die frühesten Uhren waren Sonnenuhren. Die Ägypter erfanden die Wasseruhr, aber die erste richtige Uhr wurde um 723 v. Chr. von dem chinesischen Mönch I-Hsing entworfen. Die ersten mechanischen Uhren wurden um 1100 im Europa des Mittelalters entwickelt. ‚Warren Marrison' benutzte 1927 Quarzkristalle, um Uhren zu regulieren. Heute bekommen Uhren ihre Energie von Batterien, von der Sonne und durch die Bewegungen des Nutzers.

Sonnenuhren messen die Zeit mithilfe des Schattens, der um ein festes Objekt herumwandert.

Eine moderne Digitaluhr

Die ersten mechanischen Uhren ermöglichten es den Kirchen, ihre Gottesdienste zu festen Zeiten abzuhalten.

Musik erklingt

Musik verbindet die Menschen und begleitet sie durch ihre gesamte Geschichte. 1877 erfand ‚Thomas Edison' den Phonographen. Er nahm Töne auf einer sich drehenden, mit Wachs beschichteten Walze auf. 1888 entwarf Emil Berliner das Grammophon. Das Grammophon und der Schallplattenspieler waren zwischen 1880 und 1980 die gebräuchlichsten Geräte, um Musik abzuspielen.

Das Grammophon spielte eine flache Schallplatte ab.

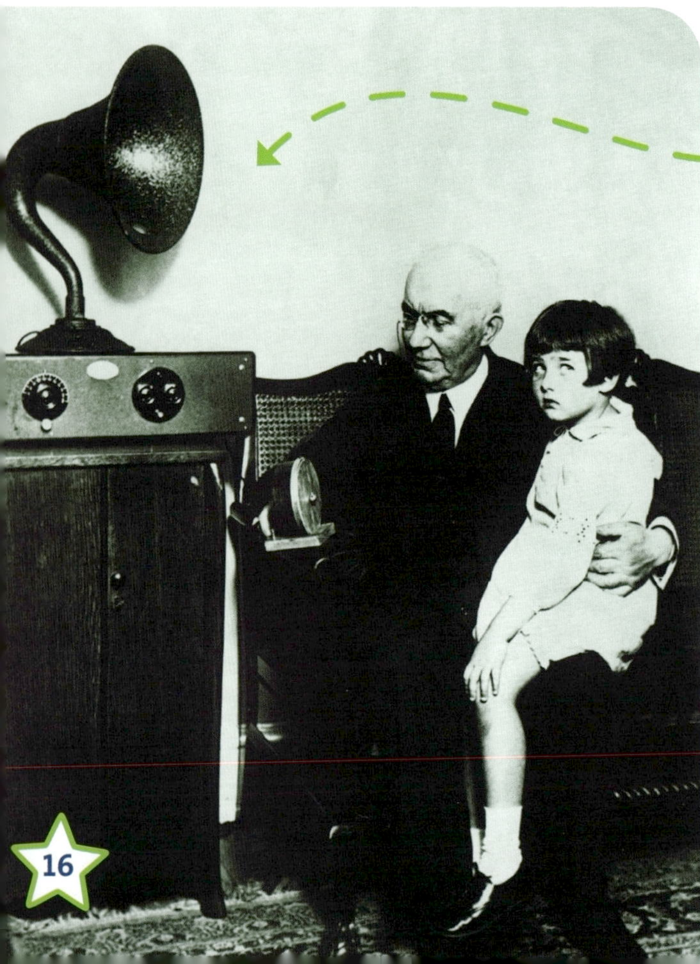

Bis in die 1950er wurden Schallplatten zum Teil aus Schellack hergestellt, einem Harz, das von Käfern stammt.

Die Compact Disc (CD) wurde 1982 entwickelt. Auf der Oberfläche einer CD wird die Musik in Form von winzigen Einritzungen verschlüsselt. 1997 wurden digitale Abspielgeräte erfunden. MP3-Player und ‚iPods' speichern Musik und Hörbücher in einem speziellen Daten-Format ab.

‚Thomas Edison' hat den Phonographen entwickelt, um **telegrafierte** Nachrichten zu speichern.

1997 wurden die ersten digitalen Abspielgeräte von der koreanischen Firma Saehan auf den Markt gebracht.

Ab 1991 wurden mehr CDs als Schallplatten und Kassetten verkauft.

Bionische Prothesen

Bionische Prothesen sind elektronisch gesteuerte, künstliche Körperteile, die natürliche Körperfunktionen ersetzen sollen. Schon um 1500 entwickelte der französische Chirurg ‚Ambroise Paré' mechanische Gliedmaßen. **Biomedizinische ‚Ingenieure'** können heute voll funktionstüchtige Prothesen bauen. Der erste künstliche Roboterarm wurde 1993 in Schottland entwickelt.

Bionische Füße können die kinetische Energie wiederverwerten, die beim Laufen entsteht.

Bevor mechanische Gliedmaßen erfunden wurden, hat man Körperteile durch Holzbeine oder Metallhaken ersetzt.

Mit bionischen Arm-Prothesen können Patienten Berührungen über ihr Nervensystem wahrnehmen.

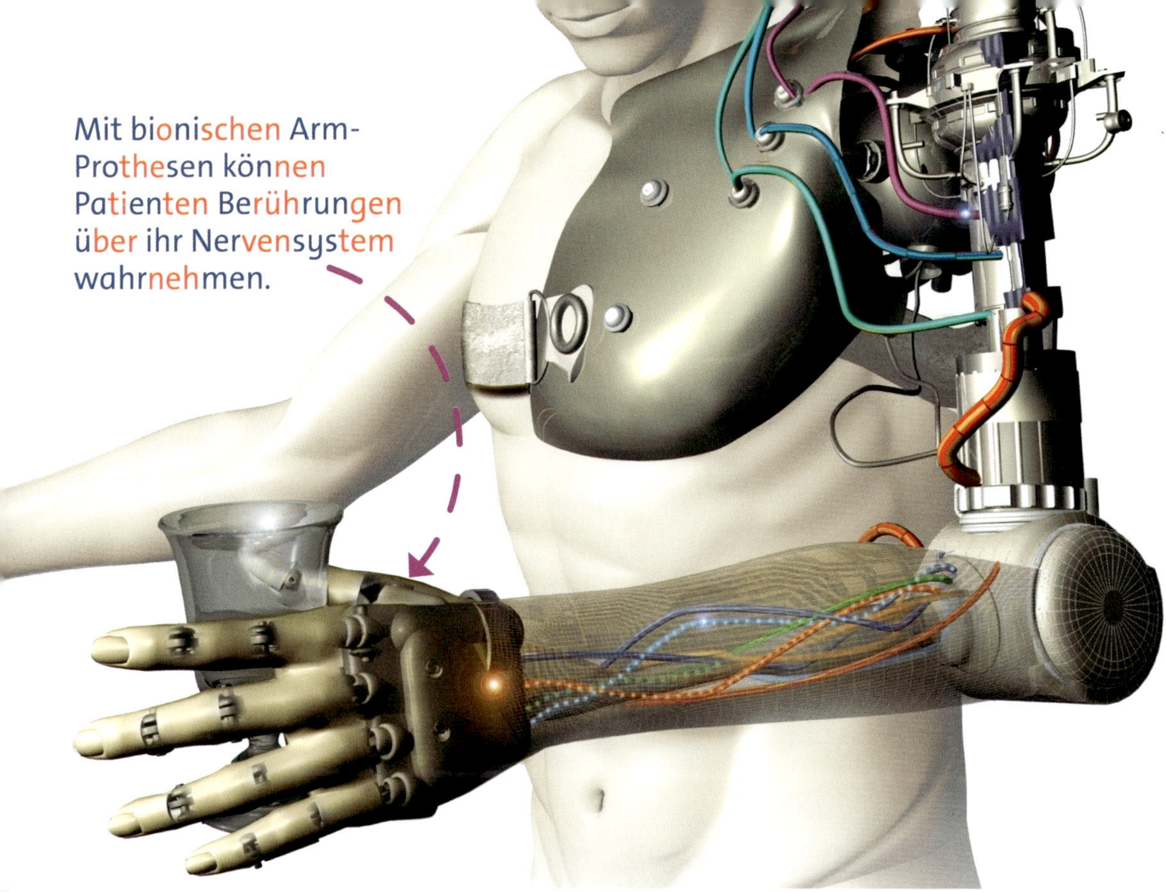

1960 entwickelte der amerikanische ‚Ingenieur' ‚Wilson Greatbatch' den ersten **Herzschrittmacher**.

Elektronische Implantate können Patienten ihr Hörvermögen zurückgeben oder ihren Herzschlag regulieren. Der österreichische Arzt Ferdinand Alt erfand schon 1906 eine elektronische Hörhilfe. Tragbare Hörgeräte stehen Patienten seit 1923 zur Verfügung. 1969 wurde das erste künstliche Herz verpflanzt.

Energie

Das erste bekannte Beispiel für die Erzeugung von Energie ist das Wasserrad. Das war um 200 v. Chr. Die Energie wurde vom fließenden Wasser auf einen beweglichen Mechanismus übertragen. Der elektrische Generator wurde um 1800 erfunden.

1831 entdeckte ‚Michael Faraday', wie Strom mithilfe eines Magneten erzeugt werden kann. 1879 wurde das elektrische Licht erfunden.

Elektrisches Licht entsteht, wenn Strom durch einen dünnen Glühdraht fließt und ihn aufheizt, bis er zu glühen beginnt.

Die Glühlampe wurde von ‚Thomas Edison' und ‚Joseph Swan' erfunden.

1882 wurde in den USA das erste Wasserkraftwerk der Welt gebaut. Es lieferte die Energie für zwei Papierfabriken und ein Haus. Kernenergie wurde während des Zweiten Weltkrieges entwickelt. Seither haben Erfinder Wege gefunden, natürliche Energien zu nutzen. Solartechnik nutzt die Kraft der Sonne, um Wärme und Strom zu produzieren.

Die ersten Atomkraftwerke wurden um 1950 in Russland und Großbritannien in Betrieb genommen.

Photovoltaik-Zellen wandeln Sonnenenergie in elektrische Energie um, die in Batterien gespeichert wird.

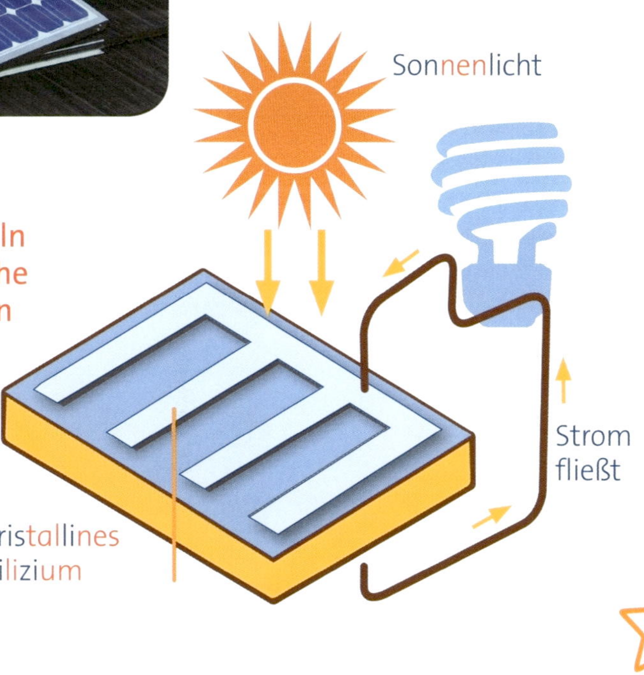

Die Zukunft

Obwohl schon so viel erfunden worden ist, lebt der Erfindergeist weiter. Was wird uns die Zukunft bringen? Welche Geschichten werden am Ende unseres Jahrhunderts erzählt werden? Versuche dir vorzustellen, was alles vor uns liegt. Fliegende Autos vielleicht oder ein Bett, das seine Decke selbst aufschüttelt? Wie werden die Erfindungen der Zukunft aussehen?

Schreibe deine Ideen auf oder zeichne ein Bild von einer Erfindung der Zukunft. Ob es sie tatsächlich einmal geben wird? Das wird die Zukunft zeigen.

Der berühmte Erfinder ‚Thomas Edison' sagte einmal: „Genie ist 1% Inspiration und 99% harte Arbeit."

Worterklärungen

aerodynamisch	etwas bietet möglichst wenig Luftwiderstand
ausstrahlen	mithilfe von Funksignalen etwas übertragen
biomedizinischer ‚Ingenieur'	Techniker, die bionische Prothesen und medizinische Geräte entwickeln
bionisch	der Natur nachempfunden, aber künstlich
digital	mithilfe eines Computers erstellt
effektiv	wirkungsvoll, erfolgreich
Fließbandfertigung	ein Herstellungsablauf, bei dem Arbeiter jeweils nur ein Teil anbauen und das Produkt dann weitergeben
Herzschrittmacher	ein elektronisches Gerät, das regelmäßig kleine elektrische Stromstöße aussendet und das Herz dadurch regelmäßig schlagen lässt
kommerziell	gewerblich; zum Verkauf gedacht
Kommunikation	Übertragung und Austausch von Informationen
Latein	Sprache der antiken Römer
Mikroprozessor	elektronisches Bauelement in Computern
telegrafieren	Übermittlung von Texten über weite Distanzen mithilfe elektrischer Leitungen

Stichwortverzeichnis